Lena Wood

CW01372049

ISBN 978-2-211-20156-8
Première édition dans la collection *lutin poche* : juin 2010
© 2007, l'école des loisirs, Paris
Loi numéro 49 956 du 16 juillet 1949 sur les publications
destinées à la jeunesse : mars 2007
Dépôt légal : juin 2010
Imprimé en France par Mame Imprimeurs à Tours

# MISTRAL, CHEVAL DE GARDIAN

Texte de Maryse Lamigeon, illustrations de François Vincent

lutin poche de l'école des loisirs
11, rue de Sèvres, Paris 6ᵉ

Dès sa naissance, Mistral s'est mis debout sur ses longues jambes.
Tout tremblant, il s'est blotti contre sa mère.
Sous son ventre chaud, il a niché son museau.
Mais la jument, d'un coup de tête, l'a rejeté. Puis elle s'est éloignée de lui.
Affamé, Mistral a fini par se coucher dans l'herbe.

Un peu plus tard, Pierrot et son père, qui revenaient du marché, sont allés inspecter leur troupeau.
Les poulains de l'année tétaient goulûment leur mère.
Soudain, le garçon a aperçu Mistral.
– Papa, un poulain abandonné !
Le manadier* a repéré la mère et lui a passé un licol autour du cou.

*Le glossaire de la page 38 donne une définition des mots difficiles de ce livre.

Il a demandé à Pierrot de lui présenter son petit. Mais la jument n'avait pas de lait. À nouveau, elle l'a rejeté !
— J'espère qu'il ne va pas mourir ! s'est lamenté Pierrot.

Une fois Mistral installé dans la charrette, ils sont rentrés chez eux.
— Tu t'occuperas bien de lui, pitchoun ! a dit le manadier.
Pierrot nourrissait déjà, au biberon, Engane, un petit veau. Très vite, le poulain a repris des forces en partageant avec celui-ci le lait et la chaleur de la grange.

Depuis, les deux bêtes vivent en liberté dans les mêmes prés et se déplacent avec le troupeau. Elles ne se quittent jamais. La robe de Mistral est devenue grise et sa crinière s'allonge.
– Ce sera un bon cheval ! s'est exclamé Pierrot.
– C'est sûr ! Il est vif, grand avec un large poitrail et pas craintif ! a renchéri son père.

C'est l'automne. Voilà plusieurs jours déjà qu'une pluie torrentielle tombe sur la Camargue. Les eaux du Rhône montent et les terres les plus basses sont inondées. Ce matin, la tempête d'équinoxe fait rage.
Des éclairs zèbrent le ciel.
Les bêtes sont excitées, elles courent dans tous les sens.
Dans un fracas, brutalement, un gros pin maritime s'abat.

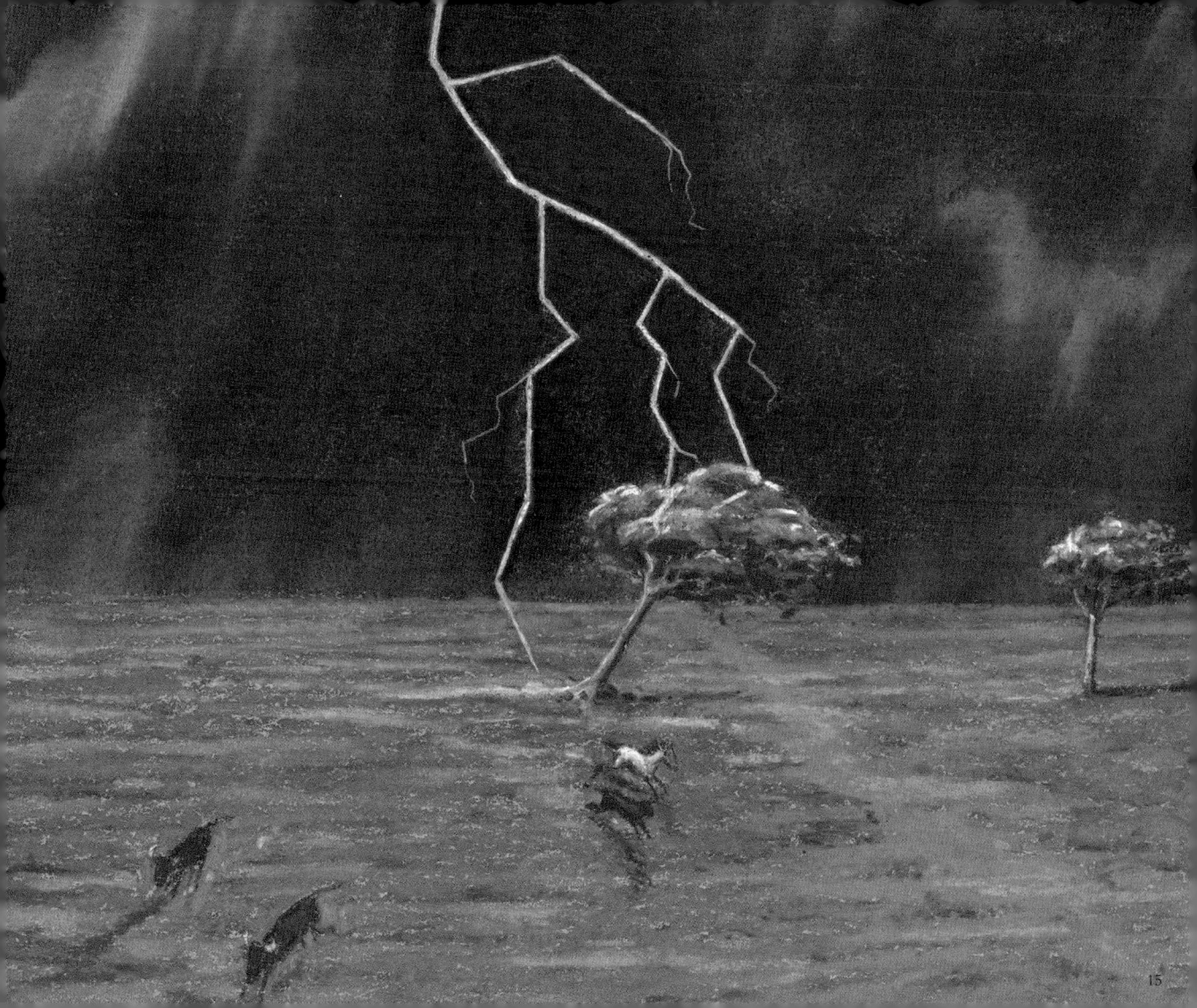

Affolés, Engane et Mistral s'enfuient flanc contre flanc.
Ils franchissent de larges fossés, passent à travers des roubines
et finissent par se perdre…

Le petit veau et le poulain se sont aventurés jusqu'à l'étang de Vaccarès.
Là, des flamants roses et des colverts pêchent aux abords du phare de la Gachole.
Dans la sansouire, un ragondin file entre les pattes d'Engane et fait se cabrer Mistral.
Ils vont au hasard des pâtures où la salicorne est la plus tendre.

Bientôt, ils entendent le grondement de la mer.
Sous les nuages menaçants, au pied des dunes,
des vagues énormes roulent sur le sable. La plage est immense.
Mistral se met au galop, Engane le talonne.
Le corps fouetté par les embruns, ils n'ont jamais couru si vite.

Quand la tempête s'est enfin calmée, Pierrot va chercher une brassée de roseaux dans la remise. Il aide son père à réparer le toit de sagne de leur cabane de gardian, endommagé par la tempête.
Mireille, sa mère, éponge l'eau qui s'est infiltrée à l'intérieur.
– Pauvre ! Aujourd'hui, il ne doit pas faire bon sortir en mer.

Pierrot grimpe en haut de l'échelier appuyé contre le vieil orme.
Il scrute l'étendue plate où les roselières frémissent sous le vent.
Au loin, la manade est paisible. Tout à coup, son regard bute sur l'arbre déraciné.
– Je vais aller voir les bêtes et cet arbre de plus près ! dit-il avant de harnacher son cheval.
– Fais bien attention, pitchoun ! lui recommande son père.

Une heure plus tard, Pierrot revient essoufflé.
– Je n'ai pas vu Engane, ni Mistral !
– Ils sont encore trop jeunes pour rester loin du troupeau.
Il faut vite les retrouver, maugrée le manadier. Pars vers l'étang du Fangassier,
Pierrot, et n'oublie pas d'emporter un peu d'avoine pour les attirer.
Moi, je vais en direction des Saintes-Maries.
– Rendez-vous ce soir, avec nos bêtes ! crie Pierrot en pressant les flancs de sa monture.

Dans sa course, Pierrot croit entrevoir une tache grise et une tache noire. Mais ce ne sont qu'un arbuste et son reflet sur les marais.
Au phare de la Gachole, il saute à terre, frappe à la porte.
– Avez-vous aperçu un petit veau et un poulain ?
– Oui, en fin de matinée, dit le gardien. Cependant, avec le coup de tabac, j'ai eu à signaler un chalutier en perdition ! Alors les bestiaux…

Pierrot fonce vers la plage.
Le temps s'assombrit avec le crépuscule.
Inlassablement, le garçon parcourt les dunes…
Là ! Au milieu d'un sentier qui relie la Méditerranée aux étangs,
il repère les fugitifs et ralentit son allure.

Mais les deux bêtes s'écartent. Pierrot descend de cheval.
À pas lents, il s'avance vers Mistral avec une poignée d'avoine.
Le poulain hésite, puis vient manger dans sa main.
Pierrot caresse son encolure avant de lui glisser délicatement le seden autour du cou.
L'animal tire. L'enfant l'accompagne dans son recul, sans lâcher la corde,
et doucement remonte en selle.

Mistral, rassuré par la présence du vieux cheval, se met à galoper à ses côtés. Engane lui emboîte le pas. Pierrot rentre fièrement chez lui.
– Mistral a accepté la corde !
– Il est prêt pour le dressage, juge son père. Tu t'en chargeras, Pierrot !

Au printemps de ses trois ans, le jeune cheval supportera la selle.
Il ruera parfois, mais Pierrot, les mollets fermes, la main souple sur ses rênes, le calmera de sa voix.
Longeant la manade, le gardianou rêve au jour où il apprendra à Mistral le tri des taureaux.

# GLOSSAIRE

CABANE : En Camargue, chaumière au toit de roseaux, aux murs blanchis à la chaux, arrondie au nord pour résister au mistral. En moyenne, elle mesure cinq mètres de large et huit mètres de long.

CAMARGUE : Région qui se situe dans le sud de la France, précisément dans le delta du Rhône, au bord de la Méditerranée. Zone protégée, un équilibre naturel règne dans cette réserve humide, occupée par une flore et une faune exceptionnelles.

ÉCHELIER : Échelle qui servait à repérer le troupeau dans l'étendue plate de la Camargue.

GARDIAN : Gardien d'un troupeau de chevaux ou de taureaux camarguais.

GARDIANOU : Jeune gardian.

MANADE : Troupeau de taureaux en Provence et dans le Languedoc.

MANADIER : Éleveur de taureaux.

PITCHOUN : Enfant, en provençal.

ROSELIÈRE : Marécage où poussent des roseaux.

ROUBINE : Fossé canalisé.

SAGNE : Mot provençal, roseau servant à la construction du toit des cabanes camarguaises.

SALICORNE : Plante charnue et comestible qui pousse sur les terrains salés du littoral.

SANSOUIRE : Terre salée, composant un paysage de steppe où poussent quatre espèces de salicorne.

SEDEN : Corde en crin de jument dont les gardians se servent le plus souvent pour capturer le bétail et attacher leurs montures.